Sterben und Loslassen lernen

Du hast ihn uns geliehen, o Herr,
und er war unser Glück.
Du hast ihn zurückgefordert,
und wir geben ihn dir ohne Murren,
aber mit dem Herz voll Wehmut.

Hieronymus

DER TOD STÄRKT DAS LEBEN

Leben endet oft so, wie manchmal ein Musikstück endet. Da hat etwas vielstimmig begonnen, und dann – plötzlich – bricht es unvermittelt ab. So denken wir an viele, die durch den Tod aus dem Leben gerissen wurden. Wie viele Eltern, die um ihre Kinder trauern. Wie viele Frauen, die ihren Mann verloren haben. Eine Witwe sagte einmal zu mir: »Es ist ganz schlimm für mich. Ich bin wie halbiert, und ich verstehe es nicht. Ich suche einen Weg, um mich selber wiederzufinden.«

Der Tod bringt alles durcheinander und macht vor keiner Tür halt, sei es in der Familie, im Freundeskreis oder in unserer Nachbarschaft. So heißt es in einem Gedicht von Gotthold Schneider treffend:

> Kommt der Tod ins Nachbarhaus,
> legt sich über uns ein Schatten.
> Menschen, die wir kannten,
> die wir gar zu Freunden hatten.
> Plötzlich löscht ein Leben aus –
> kommt der Tod ins Nachbarhaus.

INHALT

Sterben und Loslassen lernen

Klagen dürfen

Getröstet werden

Kommt der Tod ins Nachbarhaus –
gestern konnten wir noch lachen.
Heute ist das Spiel verstummt.
Man kann nicht einfach weitermachen.
Um uns Trauer, Angst und Graus –
kommt der Tod ins Nachbarhaus.

Kommt der Tod ins Nachbarhaus,
schweigen wir und sind betroffen.
Denn was können Worte sagen?
Worauf soll der Mensch noch hoffen?
Einen Sarg trägt man hinaus –
kommt der Tod ins Nachbarhaus.

Kommt der Tod ins Nachbarhaus,
hält doch Gott an allen Enden,
ob wir leben oder sterben,
unser Schicksal in den Händen.
Und da läßt Gott keinen aus –
kommt der Tod ins Nachbarhaus.

Manchmal möchten wir am liebsten alles ausblenden, was mit Sterben und Tod zu tun hat. Und doch: Solche Erinnerungen, Impulse und Mahnungen müssen sein. Ob wir soweit kommen, einzusehen: Leben heißt auch, sterben lernen? Dieser Lernprozeß ist nicht nur auf die letzte

Stunde unseres Lebens bezogen. Er zieht sich durch das ganze Leben hindurch. Wenn wir darauf achten, sehen wir, daß wir immer wieder kleine Abschiede bestehen müssen. Und wie oft gleichen sie einem kleinen Sterben: wenn die Kinder aus dem Haus gehen und wir immer mehr unser Alter spüren. Wie viele Pläne, die wir hatten, sterben, und wie viele Abschiede von Gesundheit und Lebensglück warten auf uns.

Immer wieder müssen wir loslassen. Immer wieder verlieren wir irgend etwas. Abschiede über Abschiede – Einüben in das Sterben. Das heißt Veränderungen annehmen, und das ist nicht leicht. Denn jede Veränderung macht uns angst, weil wir das Neue, das Unbekannte noch nicht kennen.

Das kleine Sterben soll uns lehren, wie neue Kräfte wachsen – als Beispiel dafür, wie zuletzt die Kraft Gottes uns hält, trägt und errettet. Aber vielleicht entdecken wir auf dem Weg dorthin, daß wir keinen einklagbaren Anspruch an das Leben haben, entdecken aber auch: Bei dir, Gott, ist die Quelle des Lebens.

Von dem einen wie von dem anderen lesen wir bei Joseph von Eichendorff in dem Gedicht »Der Umkehrende«:

Es wandelt, was wir schauen,
Tag sinkt ins Abendrot,
Die Lust hat eignes Grauen,
Und alles hat den Tod.

Ins Leben schleicht das Leiden
Sich heimlich wie ein Dieb,
Wir müssen alle scheiden
Von allem, was uns lieb.

Was gäb es doch auf Erden,
Wer hielt' den Jammer aus,
Wer möcht' geboren werden,
Hieltst du nicht droben haus!

Du bist's, der, was wir bauen,
Mild über uns zerbricht,
Daß wir den Himmel schauen –
Darum so klag ich nicht.

So heißt leben auch tatsächlich: sterben lernen. Und da hat jeder seinen eigenen Weg zu nehmen. Der Tod ist ein Mahner, mit dem man ungern Zwiesprache hält, als wollte man ihn nicht auf die eigene Person aufmerksam machen. Und er mahnt uns ja tatsächlich, läßt uns nachdenken über das Dasein. So stärkt der Tod das Leben. Er macht den Augenblick wertvoll. Er macht uns deutlich, daß wir uns auf der Brücke der Zeit bewegen. Sicherlich kann man über den Tod nicht reden wie über das Wetter oder andere Dinge. Aber dieses Thema ganz aus dem Leben auszuschalten, ist das eine Lösung? Haben es nicht andere vor uns angesprochen, wie zum Beispiel Friedrich Hebbel: »Das Leben borgt seinen höchsten Reiz dem Tod, es ist nur schön, weil es vergänglich ist?«

Wie können wir also den Umgang mit diesem Thema lernen? Ich denke an eine Gruppe krebskranker Frauen, die sich ein Motto gegeben haben. Es lautet: »Mach, daß dieser Tag heute zählt!« Jeden Tag rufen sie sich gegenseitig an und erinnern einander an diesen Satz. Sie wissen, wie kostbar die Zeit ist, die ihnen gegeben ist. Sterben lernen und leben lernen ist für sie in einem neu entdeckten Lernprozeß zusammengefaßt.

Memento

Vor meinem eignen Tod ist mir nicht bang,
Nur vor dem Tode derer, die mir nah sind.
Wie soll ich leben, wenn sie nicht mehr da sind?
Allein im Nebel tast ich todentlang
Und laß mich willig in das Dunkel treiben.
Das Gehen schmerzt nicht halb so
wie das Bleiben.
Der weiß es wohl, dem gleiches widerfuhr;
Und die es trugen, mögen mir vergeben.
Bedenkt: den eigenen Tod, den stirbt man nur.
Doch mit dem Tod der andern muß man leben.

Mascha Kaléko

EIN WEISES HERZ GEWINNEN

Nur wer sich ändert, wird am Leben bleiben. Von diesem großen umfassenden Prozeß einer Verwandlung redet die Bibel: »Lehre uns bedenken, Gott, daß wir sterben müssen, damit wir ein weises Herz gewinnen« (Psalm 90,12).

An diesem »weisen Herzen« fehlt es uns heute. So schrieb eine Ärztin: »Während die medizinische Kunst in der Verlängerung des Lebens und der Erleichterung des Todes die erstaunlichsten Fortschritte macht, steht die menschliche Seele verlassen wie noch nie vor dem letzten, dem radikalen Abschnitt.«

Vielleicht ist es auch darum so, weil wir bei dem Gedanken an den Tod immer zugleich gedacht haben: Dafür ist später Zeit. Aber später – wann ist das? Muß man dabei nicht hören: Es ist später, als du denkst?

Darum ja noch einmal die Bitte: »Lehre uns bedenken, daß wir sterben müssen, damit wir ein weises Herz gewinnen.«

Der Gedanke an den Tod will das Leben stärken. Vielleicht müßte man sich manchmal fragen: Wie ist das? Hat der Gedanke an den Tod schon einmal dein Leben verändert? Und woraufhin hat er verändert? Entdeckten wir plötzlich, wie wertvoll ein Augenblick ist? Oder hat der Gedanke an den Tod uns die Frage gestellt: Lohnt das eigentlich, wie du deine Ziele angehst? Lohnen die Ziele deines Lebens überhaupt?

»Der Tod ist ein eigener Mann. Er zieht den Dingen die Regenbogenhaut ab und schließt das Herz auf«, so Matthias Claudius. Da hat einer daran gedacht, daß er sterben muß und hat damit ein weises Herz gewonnen. Und was heißt das anderes als einen Blick zu bekommen für das, was wichtig, und das, was unwichtig ist?

Aber das weise Herz lehrt uns nicht nur einen neuen Umgang mit der Zeit, sondern auch mit unseren Mitmenschen. Es macht die wertvoll, die wir lieben und denen wir das oft viel zuwenig zeigen. Wie viele zärtliche Worte bleiben täglich ungesagt? Wieviel Gutes bleibt ungetan? Wieviel nichtgesagte Worte der Liebe liegen in manchem Herzen wie Steine, die den Atem abschnüren und einen Menschen niederziehen.

Aber das weise Herz, das es zu gewinnen gilt, sagt uns noch mehr. Entscheidend ist nicht das Verhältnis zu unserem Tod, entscheidend ist unsere Beziehung zu Gott. Da ist nicht mehr der Tod oder das Nichts unsere Grenze, sondern er.

Das ist die entscheidende Wahrheit, auf die hin wir unterwegs sind. Sie mag manchen bis zu jener Höhe führen: Die das Sterben nicht fürchten, sind schwer zu erschrecken. Noch mehr – da wird man offen für Gedanken, die Leben und Sterben aus einem neuen Blickwinkel bedenken: »Weil wir den Tod im Leben sterben, weil wir dauernd Abschied nehmen, dauernd durchschauen auf das Ende hin, dauernd enttäuscht werden, dauernd durch Wirklichkeit hindurchbrechen – weil wir immer das Bodenlose erfahren, darum sterben wir das ganze Leben hindurch. Darum ist das, was wir Tod nennen, eigentlich das Ende des Todes« (Karl Rahner).

Dies zu erfahren – das haben wir noch vor uns. Aber es ist wichtig, wenn wir heute schon damit umgehen. Damit wir dann, zu der Zeit, da es soweit ist und die Nacht über uns hereinbricht, nicht vergessen: Die Mitte der Nacht ist der Anfang des Tages.

NACHDENKEN ÜBER DEN EIGENEN TOD

Der Gang über den Friedhof ist nicht jedermanns Sache. Mancher scheut sich geradezu davor und macht lieber einen weiten Bogen um diesen Ort des Todes und der Trauer. Vielleicht weil man an das Allerletzte nicht erinnert werden will und sich scheut, sich diesem wichtigsten Problem des eigenen Lebens zu stellen.

Ich gehe gerne über Friedhöfe. Manchmal, wenn ich unterwegs bin zu einem Termin und noch ein bißchen Zeit habe, steige ich aus und gehe langsam durch die Grabreihen. Hier und dort still verharrend, nachdenklich und doch manchmal auch in einem Zwiegespräch mit mir selbst:

Irgendwann wird es mit dir auch mal soweit sein, du wirst in einer Reihe liegen, benachbart anderen Toten, an einem Platz, den du dir nicht ausgesucht hast. Irgendwann wird es soweit sein. Du kennst den Zeitpunkt nicht, aber du weißt: Er kommt todsicher. Wie viele Jahre werden es noch sein bis dahin, oder gar Jahrzehnte – oder sind es nur noch Wochen? Wird es auch von dir heißen: »Das letzte wird nicht die Tapferkeit sein, zuletzt wirst du rufen, zuletzt wirst du schreien« (Ernst Ginsberg)? Und wie werden es die Menschen aufnehmen, die dir die Liebsten waren, mit denen du dich verbunden fühlst wie mit niemandem sonst: die Frau, die Kinder?

Und während ich so mit mir rede, fällt mein Blick auf die vielen Kreuze, die sich über den Gräbern erheben. Kreuze, die wie Botschaften sind »Vergiß nicht . . .« und die den Blick von den schweren, lastenden Betonplatten, die von der Härte des Todes reden, in eine ganz andere Richtung lenken: »Ich hebe meine Augen auf zu dem Herrn . . .«

Die Kreuze – und die Worte, die oft darunter stehen –, sie erschließen in dem Zwiegespräch den ganz anderen Horizont, und dann frage ich mich: Wirst du mit dir im reinen sein, wenn es soweit ist – daß du weißt, wohin die Reise geht? Und wird dich diese Zuversicht fähig machen, loszulassen – alles und alle? Hoffentlich bist du auch dann noch jemand, der von der Auferstehung Jesu her von einer lebendigen Hoffnung durchdrungen ist. Und hoffentlich kannst du gehen als einer, der dankbar ist für alles, was war.

Und ich frage mich weiter: »Macht dich das traurig, daß du solche Gedanken hast? Nein, eigentlich nicht. Eher ist es so, als würden einige Dinge, die im Geschäft des Alltags immer wieder durcheinander geraten, zurechtgerückt. »Daß mir werde klein das Kleine und das Große groß erscheine . . .«

Wie sollte so ein Gang über den Friedhof anders ausgehen als mit der Bitte: Herr, hilf mir mit der Gewißheit, daß ich bei dir ankomme, und laß mich der Wahrheit trauen, die aus deinem Wort zu mir spricht: »Am anderen Morgen stand Jesus am Ufer . . .« Du am Ufer meiner Zeit, du an der Grenze meines Todes, du, der mich erwartet.

Als ich wieder zum Friedhofstor zurückgehe, fällt mein Blick noch auf einen Grabstein mit dem Bibelzitat: »Es ist noch nicht offenbar geworden, was wir sein werden. Wir wissen aber, wenn es offenbar wird, werden wir Ihm gleich sein – denn wir werden Ihn sehen, wie er ist.«

Das ist noch einmal wie eine Botschaft an die Kommenden und Gehenden – wie ein Wort auf dem Weg, hinaus in das geschäftige Treiben. Weil dieses Wort mich länger begleitet, gestalten sich daraus ein paar Verse:

Was wir werden, weißt du schon –
wann wird es erscheinen?
Heut' schon leben wir davon.
Wir sind doch die Deinen.

Oft bist du uns fremd und fern,
wie nur ist's gekommen?
Und wir späh'n nach deinem Stern
unruhig und beklommen.

Zeig den Füßen deinen Weg,
gib dem Herzen Wahrheit.
Mache die Gedanken hell,
gib den Augen Klarheit.

Was wir werden, weißt du schon,
bald wird es erscheinen.
Immer leben wir davon:
Wir sind doch die Deinen.

EINER FÜR DEN ANDEREN

Was unter uns Schlagzeilen macht, hat meistens mit den dramatischen Ereignissen unserer Welt zu tun: Auseinandersetzungen in der Politik, Nachrichten über Menschen, die auf Vernichtung aus sind, von Terror und Geiselnahme lesen wir fast jeden Tag.

Mancher mag das nicht mehr hören. Aber es gibt neben diesen Meldungen auch andere Nachrichten. So fand ich eines Tages in der Zeitung eine kleine Notiz. Sie gab keine Schlagzeilen her, obwohl sie es verdient hätte. »Den Freund gerettet« stand darüber. »Nach der Rettung seines achtjährigen Freundes aus dem eiskalten Wasser eines Baggersees hat ein Elfjähriger aus I. – vermutlich aus Überanstrengung – einen Herzschlag erlitten. Die beiden Jungen waren mit einem Floß auf dem See gerudert. Plötzlich fiel der Achtjährige, der nicht schwimmen konnte, ins Wasser. Der Elfjährige sprang hinterher und brachte den Jüngeren unter Aufbietung aller Kräfte auf das Floß zurück. Anschließend versank er.«

Eine kleine Notiz, ohne große Aufmachung, und trotzdem: Das gibt es also auch noch heute.

Ein Mensch, der für einen anderen sein Leben läßt. Wieviel Einsicht gehört dazu: »Der da, der Jüngere, der hat jetzt nur noch dich, sonst keinen. Wenn du jetzt nicht springst, dann . . .« – Und dann die Angst, gegen die er angehen muß, die Angst davor, ob er es schafft, Angst vor dem kalten Wasser, vor den Vorwürfen zu Hause: »Wie konntest du . . .« Und dann die Überlegung: »Wie helfe ich ihm?« Und wenig später der tapfere Entschluß. Und dann springt er.

Er hat nur noch diesen Achtjährigen gesehen, sonst nichts, und sich selbst vergessen. Er tut alles, was möglich ist, der Elfjährige. Er schiebt die Verantwortung für ihn nicht ab. Er weiß: Der Kleine, der braucht jetzt jemanden, der sich seiner annimmt. Was der Junge für seinen Freund tat, ist alles, was ein Mensch für den anderen tun kann.

Wir sollten, wenn wir von den anderen Geschichten, von Geiseln und Terror reden, auch von solchen Ereignissen reden, wo ein junger Mensch das getan hat, wovor sich viele scheuen. Einsicht, Entschlußkraft, Tapferkeit, daß einer für den anderen so da sein kann; dies alles hält doch unsere Welt im Innersten zusammen.

Für mich hat die Geschichte noch eine andere Ebene: Wenn es wahr ist, daß Stellvertretung das

Geheimnis des Lebens ist, versteht man dann nicht besser, was Jesus tatsächlich für uns getan hat? Er hat seinen Kopf hingehalten und sein Leben hingegeben. Wir mögen ihm den Rücken zukehren, wir können ihn links liegenlassen, aber die Hand, von der das Rettende ausgeht, bleibt ausgestreckt. Er ist der liebende Freund, der uns aus dem Wasser zieht.

VOM ENDE HER LEBEN

Ich denke an eine Geschichte, die Werner Bergengruen erzählt. Sie veranschaulicht, was es heißt, vom Ende her zu leben. Hauptperson der Erzählung ist Herzog Heinrich von Bayern. In einer Waldkapelle wird er plötzlich im Gebet aufgeschreckt, als er an der Wand eine erlöschende Flammenschrift sieht. Im Augenblick des Bewußtwerdens kann er nur noch lesen: ». . . nach sechs . . .« Die anderen Worte waren bereits erloschen. Er glaubte, in dem Menetekel eine Warnung sehen zu müssen und schließt daraus, daß ihm sein Ende angekündigt worden ist. Er richtet sich auf seinen baldigen, nach sechs Tagen erfolgenden Tod ein.

Und wie tut er es? Nicht durch Buße und Sühne, sondern er lebt sein ihm auferlegtes Leben weiter. Aber alles Tun und Lassen gewinnt eine eigentümliche Färbung von jenem nahen Ende her. Er kauft die Zeit aus, wie die Bibel sagt, und wartet auf das Ende, das nach sechs Tagen nicht eintritt. So geht sein Leben weiter. Aus den sechs Tagen werden sechs Wochen, sechs Monate, sechs Jahre. Immer wieder ist ihm eine neue Chance gelassen, Begonnenes zu erledigen, immer wieder Versäumtes nachzuholen, aufzuarbeiten, was in Unordnung geraten ist. Und all dies tut er unter dem Vorzeichen, daß er die ihm verbleibende Zeit nutzen muß. Auch wenn der ihm zugestandene Zeitraum größer geworden ist und die Intensität nachläßt, wer kann schon dauernd unter solch einer Spannung leben – immer steht die Zeit, die er erlebt, im Zeichen der Flammenschrift. Und daraus wächst bei ihm die Gabe, Leben und Sterben miteinander zu verbinden. Er gestaltet sein Leben, ist wachsam, bereit und offen für Neues.

Mein väterlicher Freund Adolf Sommerauer hat einmal gesagt: »Wenn es bei mir auf das Ende zugeht, möchte ich einen Brief an mich selbst schreiben. Und in dem Brief soll folgendes stehen:

Wenn du, auf welchem Wege auch immer, die Wahrheit – Wirklichkeit – erfährst, such dir einen Winkel, wo du ungestört weinen, denken und mit Gott reden kannst, letzteres auch dann, wenn du fürchtest, ganz und gar verlassen zu sein.

Wenn dir eine kleine Hoffnung gelassen wird, dann verachte nicht diese kleine Hoffnung und mach aus ihr kein mutwilliges Todesurteil. Sei nicht klüger als Gott.

Wenn es aber doch nach menschlicher Voraussicht soweit ist, dann wirst du mit den Menschen, die du liebst und die dich lieben, sprechen müssen, am besten zu einer Zeit, wo dich die Schmerzen noch einigermaßen klar denken lassen. Einander so weit wie möglich zu schonen ist eine gute Absicht, weithin auch möglich. Einander zu belügen, wo jeder die Lüge durchschaut, kann auch eine gute Absicht sein, hilft aber trotzdem nicht.

Es kann sein, daß dir jemand mit seinem Glauben aushelfen und dich trösten muß. Es kann aber auch sein, daß dein Glaube für deine Angehörigen und Freunde dein Vermächtnis und deine Gegenwart über den Tod hinaus sein soll.

In der Zeit, die dir noch bleibt, und soweit du es noch kannst, solltest du dein Leben dankbar und aufmerksam genießen und vielleicht zum Schluß etwas lernen, wofür es aber auch einige Zeit vor dem Tod noch nicht zu spät ist.

Du darfst neugierig sein auf den Wahrheitsbeweis deines Glaubens, und es kann dich auch ein wenig trösten, daß deine Ängste und Schmerzen ein Ende haben werden und daß Jesus, als er sagte: ›Es ist vollbracht‹, von deinem Ende mehr gewußt hat als ich, während ich dir diesen Brief schreibe.«

Gebet

Herr,
die Erfahrung des Todes
bedrängt uns täglich,
und die Wahrheit unseres Sterbens
steht vor uns.
Wir leiden darunter,
daß unser Leben ein Ende nimmt,
weil wir es lieben
und dich loben möchten.
Sprich uns los
von unserer Angst und Sorge
durch die Nachricht vom Sieg Jesu Christi
über Sünde, Tod und Teufel.
Hilf uns zu einem Leben und Sterben
in deiner Hand.
Mach uns zu Menschen,
die getröstet werden
und andere trösten können.

IM ANGESICHT DES TODES

Da gibt es den alten Simeon, den Mann aus der Weihnachtsgeschichte. Ihm war durch den Heiligen Geist gesagt worden, daß er den Tod erst sehen werde, nachdem er den Gesalbten Gottes, den Messias, gesehen habe. Als die Eltern dann später das Kind Jesus in den Tempel brachten, nahm er es auf seine Arme, pries Gott und sprach: »Jetzt lässest du deinen Knecht nach deinem Wort in Frieden dahingehen. Denn meine Augen haben deinen Heiland gesehen.«

Hier wußte einer ziemlich genau den Zeitpunkt, wann er sterben mußte. Aber nachdem seine Augen den Gesalbten Gottes gesehen hatten, war das nicht mehr so wichtig. Nicht der Tod füllte seinen ganzen Horizont aus, sondern der, der auch den Tod umfängt. So vielleicht sollten wir es halten, wenn wir an unseren Tod denken: daß wir an Christus denken, der den Tod überwunden hat.

Seit Simeon hat es immer wieder Menschen gegeben, denen die Augen aufgegangen sind.

Gorch Fock erzählt von einem Matrosen, der schrieb: »Das Meer, in das mein Leib versinkt, ist auch nur die hohle Hand meines Heilands, aus der mich nichts reißen kann.« Oder ich denke an eine Frau aus Transvaal, die, nachdem sie Witwe geworden war, als einzige Christin in ihrer Sippe mit ihren zwei Kindern lebte. Als diese beiden Kinder kurz hintereinander starben, war das Entsetzen allgemein groß. Man bedrängte sie, wieder zur alten Religion zurückzukehren. Als sogar ihre Mutter sie mahnte, sagte sie eines Tages: »Mutter, du kennst doch unsere Sitte: Felddiebstahl wird mit dem Tode bestraft. Wenn aber ein Freund kommt, kann er nehmen. Er muß nur Fußspuren hinterlassen, damit man weiß, es war der Freund.« So kann das sein, wenn jemand dieses Augenmaß bekommt.

Und ich denke noch an eine letzte Begebenheit: Als die Geschwister Scholl, die 1943 in München Flugblätter gegen die NS-Regierung verteilt hatten, zum Tode verurteilt worden waren, konnten die Eltern ihre Kinder noch einmal sehen. Da stand die Mutter vor ihrer Tochter Sophie und sagte:

»Nun wirst du also nie mehr zur Tür hereinkommen.« – »Ach, die paar Jährchen, Mutter«, gab sie zur Antwort. Und dann sagte die Mutter, um irgendeinen Halt anzudeuten: »Gelt, Sophie, Jesus.«

Ernst, fest gab Sophie zurück: »Ja, aber du auch.« Und dann ging sie, furchtlos und gelassen.

MARTIN LUTHER ÜBER
DAS STERBEN

Im Spätherbst des Jahres 1519 schrieb Martin Luther als Sechsunddreißigjähriger mitten in den heftigsten Auseinandersetzungen seines Lebens den »Sermon von der Bereitung zum Sterben«. Für uns ist das vielleicht erstaunlich, für Martin Luther war es selbstverständlich, sich mit der Vorbereitung auf das Sterben auseinanderzusetzen. Fast jeder namhafte Theologe jener Zeit schrieb eine »ars moriendi«, eine seelsorgerlich orientierte »Sterbekunst«. »Es ist nötig, daß der Mensch sein zeitlich Gut ordne, damit er mit seinem Tod nicht Zank, Hader . . . unter seinen nachgelassenen Freunden schaffe . . .« Deshalb solle man sich, so meint Luther, »im Leben mit des Todes Gedanken üben«. Und zwar »wann er noch ferne ist und nicht treibt«. Im Sterben selbst sei es zu spät.

Von Spekulationen über das Jenseits und den Menschen auf dem Wege dorthin hält Luther wenig. Er läßt sich auch nicht darüber aus, wie das Leben nach dem Tode weitergeht. Daß der Sterbende bei Christus eine Zukunft hat, das ist ihm wichtig. Das Sterben ist für Luther wie die enge

Pforte, der schmale Steig zum Leben. Das muß ein jeder fröhlich erwägen. Der Steig sei wohl eng, aber nicht lang. »Es geht hier zu wie bei einem Kind, das aus der kleinen Wohnung in seiner Mutter Leib mit Gefahr und Ängsten geboren wird in diesem weiten Himmel und Erden, das ist auf diese Welt . . . Das Sterben ist eine neue Geburt. Man muß wissen, daß danach ein großer Raum und Freud sein wird.«

»Ein großer Raum und Freud« erwartet uns. Nicht mehr und nicht weniger. Bei anderer Gelegenheit sagt Luther: »Mit meinen Gedanken versuche ich durch die Wände und über tausend Jahre hinzukommen; in jenem Leben werde ich es auch mit meinem Körper tun.« Wissen die heutigen Sterbeforscher mehr über das Leben nach dem Tod? Luther bewährt sich auch darin als redlicher Seelsorger, daß er nicht mehr sagt, als er wirklich weiß und glaubt. Mit Nachdruck drängt er darauf, daß wir uns »für diese Fahrt herrichten und bereiten«. Dabei ist ihm die brüderliche Aussprache wichtig. Auf die Sakramente solle man mehr achten, auf sie sich verlassen – mehr mit ihnen sich beschäftigen als mit den Sünden, auch mehr als mit dem Tod und dem Sterben selbst. Der Sterbende brauche Gemeinschaft, vor allem brauche er den »Priester, durch den Gott redet«. Und: »Christus mußt du stark und emsig ansehen ... um ihn allein dich kümmern ... so wirst du das Leben finden. Christus ist ebenso angefochten mit des Todes Bildern wie wir.« Luther leugnet nicht die Sterbeangst. Er will aus ihr herausfinden, indem er in die Zukunft weist. Von einer Tabuisierung des Themas Sterben hält Luther gar nichts. Es kommt ihm darauf an, sich rechtzeitig vorzubereiten – vor Gott und den Menschen.

Zehn Jahre vorher, 1527, hatte Luther seine erste persönliche Sterbeerfahrung gemacht: Er erlitt einen Herzinfarkt. Am 22. April mußte er schon wegen eines Schwindelanfalls eine Predigt abbrechen. Einige Wochen später, am 4. Juli 1527, wurde die Situation todernst. Er ließ seinen Seelsorger, Johannes Bugenhagen, rufen, beichtete und empfing die Absolution. Am Abend aber fühlte er sich schon wiederhergestellt. Als seine Gäste, die eingeladen waren, kamen, fanden sie ihn allerdings sehr schwach vor. Luther überfiel eine erneute Ohnmacht. Man legte ihn ins Bett und rechnete mit seinem Tod. Da fing er laut zu beten an, teils deutsch, teils lateinisch. Mit seinem

Gast Justus Jonas führte er ein intensives Gespräch. Ausdrücklich bekannte er sich zu der Lehre, für die er eingetreten war. Dann wandte er sich an seine Frau, dann an seinen Sohn: »Ihr habt nix; der Gott aber, welcher der Vater und Rechtsbeistand der Waisen ist, wird euch wohl verwahren und ernähren.«

Wie ernst es um Luther stand, belegt eines seiner Gebete, das Justus Jonas gehört und sich notiert hatte: »Mein allerliebster Gott und Vater, du hast viel tausend teure, edle Gaben vor viel tausend anderen mir gegeben; wäre es dein Wille, ich wollte sie gern noch gebrauchen zu Ehren und Nutz deines Volkes. Aber es geschehe dein Wille, damit du verherrlicht werdest, sei es durch mein Leben oder sei es durch meinen Tod.«

LETZTE WORTE

Es gibt Sammlungen, in denen zusammenge-
tragen ist, was Sterbende am Ende ihres Lebens gesagt haben. Die letzten Worte eines Menschen sind oft wie ein Schlüssel zu seiner Person
und seinem Leben. Sie können eine Art von Bilanz
sein oder eine Brücke zu der Hoffnung, die in ihm
jetzt noch zu einem letzten Wort findet.

Hans Jürgen Schultz, der Sterbegeschichten ge-
sammelt hat, schreibt: »Wir haben unsere letzte
wie die erste Stunde ausquartiert aus den Räumen,
in denen wir wohnen. Wie aber wollen wir Leben
begreifen, wenn wir Anfang und Ende isolieren
und uns der leibhaftigen Erfahrung entziehen, wie
es kommt und geht?«

Martin Luther King hat vierundzwanzig Stunden vor seinem Ende in einer Rede gesagt: »Wie
jeder andere würde ich gerne ein langes Leben
führen, aber ich sorge mich nicht darum. Ich will
nur Gottes Willen ausführen, und er hat mir gewährt, den Berg zu besteigen. Ich sehe das gelobte
Land. Ich kann vielleicht nicht mit euch dahin ge-
langen, aber ihr sollt heute abend wissen, daß wir
als Volk das gelobte Land erreichen werden.«

Jakob Böhme, der protestantische Mystiker, sagte, nachdem er Abschied von seiner Frau und seinen Söhnen genommen hatte: »Nun fahre ich hin ins Paradies!«

Von Matthias Claudius wird berichtet, daß er kurz vor seinem Tod zu seiner Tochter Karoline sagte: »Meine liebe Line, das Sterben ist schwer. Es ist nichts Leichtes!« Und diese Tochter Karoline berichtete über den Tod des Vaters: »Mein Vater hatte sich immer gesehnt, hat immer gehofft, ich möchte sagen, in jedem Augenblick seines Lebens sich vorbereitet auf eine nähere – oder lieber auf eine bewußte und wissende Mitteilung Gottes, die ihm diesen dunklen und für ihn sehr grauenvollen und gefürchteten Schritt erleichtern und heller machen sollte. Er sagte mir noch den Tag, ehe er starb, daß man Erfahrung hätte, nach welcher den Menschen kurz vor dem Sterben lichte Blicke in jenes Leben zuteil würden. Er hat darauf gewartet bis ans Ende. Und sie sind ihm nach unser aller Überzeugung nicht zuteil geworden. Er blieb aber im tiefen Grund der Seele vollkommen ruhig, freundlich und ergeben und fühlte das Losreißen des Lebens, das ihm sehr schwer und sauer wurde, und über sechs Stunden währte, von Stufe zu Stufe, und rief zuletzt: ›Nun ist es aus!‹«

Choral

Nun wird es Zeit zu danken
eh Herz und Auge bricht
für alle Gottesgaben
für Leben, Luft und Licht –

Zu danken für die Eltern
die mir in dieser Welt
die blinden Kinderfüße
auf graden Weg gestellt –

Zu danken für die Freundschaft
die mir zur Seite ging
und oft mit starken Armen
den Taumelnden umfing –

Zu danken für die Liebe
die ich so oft verriet:
sie aber sang, die treue
das ewge Lebenslied –

Zu danken für den Sohn, den
die Liebe uns gebar:
er machte meinem Leben
kein einzges graues Haar –

Zu danken für die Enkel:
wie blüht das Leben fort!
Wie mir sei Gott Euch gnädig
an jedem Lebensort –

Zu danken für die Fremden:
Wie war die Welt so schön
um staunend voll Entzücken
von Glück zu Glück zu gehn –

Zu danken für die Leiden:
sie sühnten dunkle Schuld
und prüften Herz und Nieren
im Abgrund der Geduld –

Dank für die Welt von Träumen
Dank für die Wirklichkeit
Dank, daß ich nie dem Nichts erlag
in dieser schwarzen Zeit –

Nun wird es Zeit zu danken . . .
Das Wort vermag es nicht!
Doch Du nimm den Verstummten
Herr, wortlos heim ins Licht.

Ernst Ginsberg

HOFFNUNGSZEICHEN

Wenn wir an das Ende unseres Lebens denken, reden wir von einer letzten Nacht, die es irgendwann geben wird. In dieser Aussage steckt auch immer etwas von dem, was eine allerletzte Nacht einmal bedeuten mag, im Sinne einer letzten Verantwortung vor Gott.

Viele Erinnerungen wird es geben, bei manchen werden wir sagen: nicht genug geliebt, nicht genug getan für ihn, für sie, nicht genug sich in der Öffentlichkeit engagiert ... nicht genug. Nicht aufgegangenes Leben, verdeckte Schuld. Und was geschieht dann mit uns?

Wer sich treffen läßt von dem Gedanken, sterben zu müssen, und das kann mitten in einem hellen Tag des Lebens geschehen, der wird sich auch seines Versagens und seiner Schuld bewußt werden. Er wird sich fragen: Was kommt nach meinem Tod, wie erfahre ich Gott?

Was immer auch mit uns sein wird, Gott lebt. Das ist die befreiende Antwort auf alles, was mit unserem Leben und mit unserem Tod zu tun hat. Aus Gottes Sicht ist der Tod kein Schlußpunkt, sondern ein Doppelpunkt. Gott schreibt auf seine

Weise unser Leben weiter. Dabei kommt es nicht darauf an, daß uns irgendwelche besonderen Ereignisse widerfahren, sondern Gott werden wir erfahren, ihn werden wir schauen. Das soll herausführen aus unseren Ängsten und unsere Gedanken auf ihn lenken. Er weiß, wie es mit uns weitergehen soll in jener anderen Welt.

Wenn wir dann vom Letzten reden, dann nicht mehr nur vom Sterben, sondern von dem, der das letzte Wort behält und der auch dem Tod seine Grenze setzt. Diese Hoffnung gilt es aufzurichten neben den Gräbern, den Kreuzen, wo immer sie auch in Erscheinung treten. Unsere Zukunft hat ein Gesicht, das vertrauteste, das man sich denken kann: In Freundschaft wird Jesus Christus wiederkommen und alles neu machen.

Ich denke dabei an Worte von Matthias Claudius: »Wer nicht an Christus glauben will, der muß sehen, wie er ohne ihn raten kann. Ich und du können das nicht. Wir brauchen jemand, der uns hebe und halte weil wir leben, und uns die Hand unter den Kopf lege, wenn wir sterben sollen; und das kann er überschwenglich, nach dem, was von ihm geschrieben steht, und wir wissen keinen, von dem wir's lieber hätten.«

Klagen dürfen

*Ich schütte meine Klage vor ihm aus
und zeige an vor ihm meine Not.*

Psalm 142,3

WEGE DER TRAUERARBEIT

Trauern zu lernen, das ist nicht einfach. Das hängt sicherlich damit zusammen, weil wir das Sterben und den Tod oftmals verdrängen. Zwar wissen wir, daß unser Leben irgendwann zu Ende geht, aber wer stellt sich schon dieser Tatsache? Wir versuchen den Tod wegzuschieben, ihn im Alltäglichen zu vergessen.

Trauern ist ein langer Prozeß und erfordert viel Kraft. Nicht umsonst spricht man heute von der »Trauerarbeit«, die zu leisten ist. Was gehört alles dazu? Zum Beispiel das Erinnern, das ziemlich schmerzhaft ist, denn das, was der Verstorbene, die Heimgegangene war, das wird dabei noch einmal ganz deutlich. Und in der Erinnerung liegt ja so etwas wie ein Wiederaufleben dessen, wer sie oder wer er war. Bilder treten uns vor Augen. Da hören wir die Stimme des Entschlafenen. Das Gefühl, wie sehr wir ihn vermissen, ist so stark, daß wir es kaum ertragen – aber sich davor zu verschließen, hilft nicht weiter. Schmerzliche Erinnerungen gehören mit zur Trauerarbeit. So sollten wir unser Herz öffnen für den, der aus unserer Mitte abberufen worden ist.

Manchmal entdecken wir sogar dabei, daß wir uns selbst beweinen, wenn wir über unser Leid nachdenken. Vielleicht deshalb, weil sich jetzt alles geändert hat: Da war alles so schön verteilt in der Ehe mit den verschiedenen Schwerpunkten, und nun soll einer alles übernehmen, was der andere sonst mitgetragen hat – wie soll das plötzlich gehen?

»Wie konnte meine Frau mir das antun«, sagte ein Mann, »vor mir zu gehen?« Obwohl er genau wußte, daß der Tod seiner Frau ein schweres und langes Leiden ersparte.

Zur Trauerarbeit gehören Zeit und Gespräche mit Freunden. Es wird aus dem Leben des Verstorbenen erzählt, und auch fröhliche Begebenheiten, über die man gemeinsam lachen kann, sollten ihren Platz haben. Freilich, über die Schwelle des Todes wird der Humor nicht tragen, aber eine kleine Entlastung kann er schenken, und das ist wichtig.

Sigmund Freud, von dem übrigens der Begriff »Trauerarbeit« kommt, schrieb, als er seine Tochter Sophie verlor: »Ich arbeite, soviel ich kann. Was Trauer ist, wird wohl erst noch kommen.« Mit anderen Worten: Er hat sich nach dem Tod seiner Tochter in die Arbeit geflüchtet und damit eine Möglichkeit gefunden, der Trauerarbeit zunächst zu entgehen.

Trauerarbeit besteht darin, daß man eine jahrelange Liebesenergie, die man auf eine bestimmte Person gerichtet hat, langsam zurücknimmt, verbunden mit vielen Erinnerungen und vielen Abschieden von dieser Person, ohne sie dabei zu vergessen. Es gilt, diesen geliebten Menschen einerseits loslassen und ihn andererseits als ein Bleibender in die Seele hineinzunehmen. Und dann kann Liebe einem anderen Menschen wieder zuströmen. Das ist oft ein langer und schmerzvoller Lernprozeß, der uns helfen kann, frühere Verhaltensweisen zu überdenken. In diesen Veränderungen brauchen wir etwas Beständiges, gegen die Umstände etwas Inständiges. Und manchmal hilft einem Trauernden tatsächlich die Tradition, bestimmte Lieder, manche liturgischen Formeln, oft auch Bibelworte. All das kann ihm Halt geben, in der Trauer zu wachsen und im Leid zu reifen.

Nicht zuletzt ist die Gewißheit entscheidend, daß Jesus Christus denen beigestanden hat, die trauerten. Er kennt also die Situationen, die wir als Trauernde heute durchleiden, und führt uns durch die Trauer hindurch.

Ein guter Rat

Die Arbeit der Trauer kostet Kraft, auch körperlich. Darum: Muten Sie sich, vor allem in der ersten Zeit, nicht mehr zu, als unbedingt nötig ist. Wollen Sie nach außen nicht tapferer erscheinen, als Sie es mit Ihrer Kraft schaffen können. Versuchen Sie, die Sorgen und Nöte Ihrer Umgebung nicht ganz aus den Augen zu verlieren. Es hilft zum Weiterleben. Denn das Leben geht ja tatsächlich weiter, auch wenn wir das zunächst nicht begreifen. Oft genug brechen dazu noch Existenzsorgen auf, wenn »das Haus nicht mehr bestellt« werden konnte oder Erbangelegenheiten ungeregelt blieben. Es hilft, sich ganz nüchtern einzugestehen: Wir weinen nicht um die Toten, wir weinen um uns – um unsere versäumte Liebe, um unsere Angst, um unser Heimweh, um unsere ganze weitere Daseinsbewältigung.

Charlotte Hofmann-Hege

Ja, die Zeit ist eine gefährliche Macht; in der Zeit kann man so leicht von vorn beginnen und dann vergessen, was man hat fahrenlassen.

Wenn deshalb auch einer nur ein sehr dickes Buch zu lesen beginnt und nicht recht an sein Gedächtnis glaubt, so legt er Merkzeichen hinein.

Oh, aber wie oft vergißt nicht ein Mensch, in bezug auf sein ganzes Leben Merkzeichen einzulegen, um das rechte Augenmerk zu bekommen!

Und nun im Ablauf der Jahre eines Toten gedenken zu sollen – ach, während er gar nichts tut, um einem zu helfen, vielmehr, falls er etwas tut oder indem er gar nichts tut, alles tut, um einem zu zeigen, wie gleichgültig es ihm ist!

Indessen winken einem des Lebens mannigfache Aufforderungen, die Lebenden winken einem und sagen: Komm zu uns, wir wissen dich zu schätzen!

Der Verstorbene hingegen kann nicht winken, er kann überhaupt nichts tun, um uns an sich zu fesseln, er kann nicht einen Finger rühren, er liegt und wird zu Staub – wie leicht für des Lebens Mächte, einen solchen Ohnmächtigen zu überwinden!

Oh, niemand ist doch so hilflos wie ein Verstorbener, während er zugleich in seiner Hilflosigkeit unbedingt nicht die allergeringste Nötigung ausübt.

Und deshalb ist keine Liebe frei wie das Tun der Liebe, welches eines Verstorbenen gedenkt – denn seiner zu gedenken ist etwas anderes, als ihn in der ersten Zeit nicht vergessen zu können.

Sören Kierkegaard

DAS PFAND

Eines Sabbatnachmittags kam Rabbi Meir aus dem Bethaus heim. Als er über die Schwelle trat, umfing ihn eine dunkle Traurigkeit. Stumme Bangnis erfüllte das Haus, der Boden ächzte unter seinem Fuß, und Dämmerung lag im Gemach. Aber wie immer stand seine Frau Beruria aufrecht am gedeckten Tisch mit stillem Angesicht und wartete auf ihn.

»Wo sind meine beiden Söhne?« fragte Rabbi Meir.

»Sie sind in das Lehrhaus gegangen«, antwortete sie.

Er sprach: »Ich habe mich dort umgesehen, aber sie nicht bemerkt.«

Sie bot ihm Wasser, daß er sich wasche; er schauderte unter der Kälte, die über seine Hände rann. Sie gab ihm den Becher, und er sprach den Segen darüber. Dann setzte er ihn nieder mit bebender Hand und fragte noch einmal: »Wo sind die Knaben?«

»Sie sind wohl noch zu Freunden gegangen«, entgegnete sie. »Schon öfter sind sie erst zu dieser Stunde zurückgekehrt.«

Sie reichte ihm die Schüssel mit den Speisen, aber die Bissen würgten ihn. So schob er die Schüssel hinweg, beendete das Mahl und lobte Gott. Verloren blickte er ins Leere und fragte in die bange Stille hinein: »Wo sind meine Knaben?«

Sie sprach: »Erlaube, daß ich dich etwas frage.«

Er sprach: »Was ist's?«

Die Frau erwiderte: »Vor etlichen Tagen kam ein Fremder zu mir und gab mir ein Pfand, daß ich es bewahre. Es waren zwei kostbare Perlen von großer Schönheit, und ich hatte meine Freude an ihnen, als wären sie mein. Heute nun, als du im Bethaus warst, ist der Fremde wiedergekommen und hat sein Pfand zurückverlangt. Soll ich es ihm wiedergeben?«

»Wie fragst du nur?« antwortete der Rabbi Meir streng. »Kannst du zögern, anvertrautes Gut zurückzugeben?«

»Nein«, erwiderte Beruria, »aber ich wollte nicht ohne dein Wissen handeln. Denn auch du hattest dir angewöhnt, das Pfand als dein Eigentum zu betrachten.«

Er sprach: »Was sagst du da?«, und mit bebender Stimme: »Wo sind meine Kinder?«

Da nahm Beruria ihn bei der Hand und führte ihn in die Schlafkammer. Sie hob die Decke vom

Bett: Da lagen die Knaben still und schön, und sie waren beide tot.

Rabbi Meir schrie laut auf und warf sich über sie. Seine Hände tasteten blind nach ihren erkalteten Gliedern, und er klagte: »Meine Kinder, o meine Kinder! Das wart ihr leiblich; aber euer Geist sollte den meinen überwachsen. O meine Kinder!«

Beruria aber stand ernst und bleich hinter ihm und blickte nieder auf seinen Schmerz. Sie sprach: »Hast du mich nicht geheißen, das Pfand zurückzugeben? Der Herr hat's gegeben, der Herr hat's genommen, der Name des Herrn sei gelobt.«

Da verbarg Rabbi Meir sein Angesicht und beugte sich vor Gott. Sein Kopf sank auf das Lager. Er sah sein Leben vor sich: voller Mühsal und Einsamkeit, ohne eine Zukunft in seinen Kindern. So lag er verhüllten Angesichts, bis er sagen konnte: »Der Name des Herrn sei gelobt.«

Jüdische Legende

MUT ZUM SCHWEREN

Für Trauernde ist der Beginn des Tages eine große Hürde. Was früher geregelt ablief, was eine bestimmte Ordnung hatte, ist zerstört. Soll man dazu sagen: So ist das Leben? Das Leid gehört als unablösbarer Schatten hinzu. Daran müssen wir uns gewöhnen, daß es so ist. Wir sollten uns gegenseitig daran erinnern, daß kein Leben ohne Leid sein kann, daß es für uns alle Leidenszeiten gibt, in denen sich nichts mehr weiter entfalten kann. Das Leid ist da als große Störung in unserem Leben und isoliert uns. Kommt es jetzt nicht darauf an, sich selbst und allen Versuchen, sich zu betäuben, standzuhalten? Aber wir nehmen das Leid nicht an. Wir laufen davon. Dabei sollten wir das, was unserem Leben querläuft, annehmen. Es könnte ja sein, daß gerade das Leid an uns arbeitet. Es könnte sein, daß Kräfte gebunden werden, damit andere Kräfte sich entfalten können. Das Leid führt uns den Weg nach innen. Darüber sagt einmal Marie Luise Kaschnitz:

»Halte nicht ein bei der Schmerzgrenze.
Halte nicht ein.

Geh ein Wort weiter,
einen Atemzug über dich hinaus.«

Jede Beunruhigung, alles das, worunter wir leiden, kann wie eine Botschaft sein, eine Botschaft Gottes, die uns einzeln trifft. Und es kommt jetzt darauf an, sie richtig zu entschlüsseln. Jesus hat gesagt: »Glücklich die, die Leid tragen, denn sie sollen getröstet werden« – und das meint doch, daß sich da etwas verwandelt. Ja, daß der Mensch selbst verwandelt wird. Ob da nicht etwas wieder in Ordnung kommen könnte?

Wenn du mich brauchst

Wenn du traurig bist,
möchte ich bei dir sein.
Wenn du müde wirst,
möchte ich meinen Arm für dich bereithalten.
Wenn du sprechen willst:
meine Ohren sind für dich offen.

Ich habe auch nicht viel Kraft.
Ich bin reizbar, ungeduldig und schwankend,
aber wenn du mich rufst,
werden alle Kräfte in mir mobilisiert.

Vielleicht brauchst du jemanden,
mit dem du nur schweigen möchtest:
ich bin da.

Wenn du Widerstand brauchst:
ich will dir die Stirn bieten.
Wann du wissen willst, wie es um dich steht:
ich will dir einen Spiegel vorhalten.

Ich möchte dasein, wenn du mich brauchst.
Ich möchte für dich dasein.

Otto und Felicitas Betz

VIER WOCHEN DANACH

Vielleicht ist das die schlimmste Zeit. Jetzt kommt erst der eigentliche Absturz in die Trauer. Jetzt kommen keine Briefe mehr, jetzt lösen sich Verbindungen auf, die bisher beiden Ehepartnern gegolten haben. Die Nachbarn, die zunächst sehr teilnehmend waren, sind längst wieder in ihren Alltagsbetrieb eingespannt. Die Wohnung wirkt leer wie nie zuvor. Die Kinder sind wieder abgereist. Jetzt erst beginnen wir zu begreifen, was uns da widerfahren ist.

Sie hat es noch im Ohr: ». . . und werden wir unserem Kollegen stets ein ehrendes Andenken bewahren.« So hieß es bei der Beerdigung. Und dann kam noch einmal eine Karte mit vorgedruckten Wünschen, wie sie das Betriebssekretariat hundertfach verschickt, dann hörte die Witwe nichts mehr von all denen, die jahrelang engste Mitarbeiter ihres Mannes gewesen waren. Auch sonst wenig Post nach all den bewegenden Briefen zur Beerdigung. Keine Besuche. Keine Einladungen.

Wo sind sie alle geblieben, die versichert hatten: Wir sind immer für Sie da!? Was wird nicht alles am Grabe versprochen und beteuert von ewigem Gedenken, vom Weiterleben in unserem Herzen. Aber die Trauernden bleiben allein.

Doch das Leben will gemeistert sein von den Zurückgebliebenen. Dazu brauchen sie Beistand. Menschen, die sie um Rat fragen können, die ihnen einen Gang zur Behörde abnehmen, die Steuererklärung bearbeiten und mit denen sie über den Toten reden können. Ich meine, die Toten haben mehr zu erwarten als unser Gedenken. Sie können zwar niemals ersetzt werden, aber sie müssen vertreten werden. Vertreten in den ganz alltäglichen Dingen und durch die Nähe und Zuwendung derer, die sich einzufühlen vermögen in das Leid, die darum wissen, wie quälend Fragen sein können, wie versäumte Liebe peinigt, wie Heimweh schmerzt, und die dann zur Stelle sind. Wir beten am Grab: Herr, laß die Trauernden deine Güte spüren. Wie aber sollten sie etwas von dieser Güte spüren, wenn nicht durch die Mitmenschen?

Vielleicht könnten wir versuchen, in Gottes Namen Trost anzunehmen und Trost weiterzugeben. Denn die Welt braucht viele getröstete Menschen, die bereit sind, die ihnen geschenkte Hoffnung weiterzugeben.

In diesem Weitergeben wird für jeden ein besonderer Auftrag enthalten sein. Vielleicht verlangt dieser Auftrag, Zeit und Kraft zu haben für die Ungetrösteten. Vielleicht auch ganz konkrete materielle Hilfe. In jedem Fall aber wird entscheidend sein: das Dasein und Teilhaben, das Zuhören und Mitempfinden.

Ruth Weidauer

Dennoch vertraue ich

Wenn meine Augen vertraut geworden
sind mit der Dunkelheit,
kann ich wahrnehmen,
daß immer noch Licht einfällt:
Du schenkst mir Menschen,
die sich meiner Klage nicht verschließen,
die für mich einstehen vor dir.
Du hältst mir Brot und Wein bereit
und umarmst mich im heiligen Mahl.
Mein Herz darf ich ausschütten vor dir.
Du hilfst mir,
daß ich nicht versinke im Selbstmitleid,
sondern teilnehmen kann
an fremder Trauer.

Beides läßt du wachsen in mir:
die Fähigkeit zu leiden
und die Fähigkeit zu lieben.
Du befreist mich von dem Drang,
den Sinn allen Leidens
hier und jetzt erkennen zu wollen.
Herr, mein Gott, ich lobpreise dich,
denn ich weiß:
Am Ende
wird alle Klage von mir abfallen.
Am Ende wirst du alles Erlittene
verwandeln in Freude.

Sabine Naegeli

SCHWARZE GEDANKEN
ÜBERWINDEN

Die Macht des Todes nimmt einen gefangen und macht einsam. Tröstliche Worte, sonst geradezu abrufbar für das Gedächtnis, klingen plötzlich nicht mehr, Selbstanklagen versperren Wege nach draußen und verstärken die Trauer um den Menschen, der einem so nahe stand.

Bei manchen Trauernden gibt es nicht nur grüblerische, sondern geradezu schwarze Gedanken: »Der hat's geschafft. Die hat's endlich erreicht. Am besten, du wärst auch schon so weit.« Gedanken, die das Leben verneinen mit seinen Möglichkeiten, die noch auf uns warten.

Freilich, mancher ist in seine Trauer um einen Menschen, den er geliebt hat, derart verstrickt, daß er keinerlei Hilfe von anderen annehmen kann. Und man hört die Botschaft hinter seinen Äußerungen: Bekümmere dich nicht. Bei mir ist eine Saite gerissen, sie wird niemals mehr einen Ton hervorbringen. In mir ist etwas zerbrochen, das macht niemand mehr ganz.

Schwarze Gedanken – sie können wie ein Rachen sein, der alle Hoffnung verschlingt. Was kann man dagegen tun? Wie kann man einem Trauernden helfen, mit schwarzen Gedanken umzugehen? Muß man ihn in Ruhe lassen, bis er wieder ansprechbar ist?

Manchmal wirken bestimmte Worte wie Schlüssel, die Zugang schaffen zu einem Menschen in tiefer Trauer. Ich denke an ein Wort aus dem Buch Hiob, das Gottes Hilfe in der Not verheißt: »Auch dich lockt Gott aus dem Rachen der Angst und stellt dich auf weiten Raum, da keine Bedrängnis mehr ist« (Hiob 36,16). Ein Wort der Ermutigung, eine Einladung Gottes, einen ersten Schritt zu tun aus dem Rachen der Angst und dadurch wieder Weite zu spüren. Erinnert uns das nicht an den bekannten Satz: Mitten im Tod sind wir vom Leben umfangen – von Gott.

Gebet
Herr, unser Gott,
wir wissen nicht, was wir tun sollen,
denn alles, was wir in Trauer und Abschied
vor Augen sehen,
macht deutlich, wie hilflos wir im Grunde sind.
An dieser äußersten Grenze,
wo es um das Sterben, um den Tod geht,
bleibt nur dieses Eingeständnis:

Wir wissen nicht, was wir tun sollen.
Der Verstorbene ist unter uns anwesend
in mancherlei Gedanken,
Erinnerungen und in vielfältiger Trauer.
Aber wir bitten dich darum,
daß unsere Augen sich zu dir hin richten
über das hinaus, was sie hier sehen.
Denn du hältst zusammen,
was wir nicht mehr zusammenbringen:
Unseren Entschlafenen und uns.
Wir sind angewiesen auf deine bergende Hand.
So laß uns einen Weg finden aus der Trauer,
aus den schweren Gedanken,
aus den vielen Erinnerungen zu dir,
dem Gott, der unsere Zukunft ist
und der uns in Jesus Christus ein für allemal
das Wesen unserer Zukunft enthüllt hat:
Leben, Auferstehung.

DAS LEBEN GEHT WEITER

Ist das nur so ein Satz, dahingesagt, um schnell wieder vom Trauerhaus wegzukommen? Oft mag es so sein. Oft mag mancher Besucher sich damit in Sicherheit bringen. Denn wie wenige ertragen die Nähe des Todes in einem Trauerhaus. Und wie wenige ertragen den Menschen, den das Sterben des geliebten Partners verwandelt hat. Trotzdem stimmt der Satz: Das Leben geht weiter. So billig er oft auch klingen mag. Es ist so.

Man kann nicht stehenbleiben, als gäbe es jetzt keine Zeit mehr für einen, als wäre alles Leben mit dem Tod des Entschlafenen zum Stillstand gekommen. Es sieht nach Treue, nach bedingungsloser Anhänglichkeit an den Partner aus, wenn der Zurückbleibende sein Leben weiter von dem des Verstorbenen bestimmen läßt. Aber schnell kann diese vermeintliche Treue zur Untreue gegenüber Gott werden. Denn nicht wir verschaffen unseren geliebten Toten Leben, indem wir unaufhörlich an sie denken, sondern Gott ist es, bei dem sie aufgehoben sind. Unverlierbar, unzerstörbar. Unsere Aufgabe ist es, unser Leben weiterzuführen.

Viele werden sagen: Wie denn leben? Ohne den Verstorbenen, den ich geliebt habe, mit dem ich alles gemeinsam überlegt und abgesprochen habe – ich kann es mir nicht vorstellen!

Aber vielleicht geht es so, daß wir uns umsehen, wo wir gebraucht werden, denn das Leben geht weiter. Da sind Menschen, die uns brauchen. Und Gott will uns durch sie die Erfahrung machen lassen, daß wir nicht allein sein müssen.

Wer das begreift, der betet gegen alle Einsamkeit, gegen allen Lebensüberdruß:

Dennoch bleibe ich stets an dir,
denn du hältst mich bei meiner rechten Hand.
Du leitest mich nach deinem Rat
und nimmst mich am Ende mit Ehren an.
Wenn ich nur dich habe,
so frage ich nichts nach Himmel und Erde.
Wenn mir gleich Leib und Seele verschmachtet,
so bist du doch, Gott, alle Zeit
meines Herzens Trost und mein Teil.

Aus Psalm 73

NEUE AUFGABEN

Albrecht Goes erzählte einmal folgende Geschichte: Er hatte als Wehrmachtsseelsorger
ein Lazarett zu betreuen. In einem Saal lagen die
Schwerverletzten. Unter ihnen ein junger Soldat,
der sich als Pianist schon einen Namen gemacht
hatte. Jetzt lag er hier mit einem doppelten
Durchschuß durch beide Arme. Die Ärzte ver-
suchten alles, um dem Pianisten zu helfen. Aber
eines Tages war ihre Kunst am Ende. Wenn überhaupt noch das Leben des jungen Mannes gerettet werden konnte, dann nur durch eine Amputa-
tion beider Arme. Als das die Schwerverletzten in
dem Saal erfuhren, war das für alle wie eine zu-
sätzliche Last zu ihren eigenen Verletzungen.

Die Operation verlief gut. Der Amputierte
wurde wieder zu den Kameraden gebracht, und
dort besuchte ihn der Wehrmachtspfarrer. Auf
dem Weg dorthin war er auf bittere Anklagen ge-
faßt, und er bereitete sich auf ein Gespräch vor,
das gegen Trostlosigkeit angehen mußte. Aber als
er den Saal betrat und zu dem Bett hinschaute, in
dem der Verwundete lag, da saß der junge Soldat
halb aufgerichtet, neben sich einen Kameraden

mit Bleistift und Papier, und rief dem eintretenden Pfarrer entgegen: »Herr Pfarrer, ich komponiere schon.«

Wie war das? Alle Türen schienen ins Schloß gefallen zu sein. Das Leben schien zu Ende. Aber da war er, den es getroffen hatte, schon durch eine andere Tür hindurchgegangen. Kann so eine Geschichte nicht vielen helfen, die in einer ähnlichen Situation sind? Freilich – es kommt darauf an, daß man nicht an den ins Schloß gefallenen Türen rüttelt, sondern daß man auf die anderen achtet, die aufgehen. Ob es das nicht auch in der Nachbarschaft von Trauernden gibt, solche Winke des Herrn, die uns einweisen wollen auf einen neuen Weg?

Da ist zum Beispiel nebenan eine berufstätige Frau. Die Kinder sind viel sich selbst überlassen. Zugegeben, sie sind manchmal etwas laut, ungebärdig, geradezu ungezogen. Aber sind sie nicht gerade so ein einziger Aufruf: Hilf uns doch!? Und müßte es nicht so sein, daß erfahrenes Leid einen nicht verschließt, sondern öffnet, so daß man einen Blick dafür bekommt, wie anderswo gelitten wird, oft sehr verdeckt und hinter vielen Masken des Alltags?

Vielleicht fällt einem jetzt eine alte Frau auf, die man fast nur noch mit sich selber sprechen sieht. Sie hat niemanden, der ihr zuhört. Vielleicht soll ich der Mensch werden, der ihre Einsamkeit teilt?

Und die Blinde von gegenüber? Seit langem sucht sie jemanden, der ihr vorlesen möchte. Aber bis jetzt ohne Erfolg.

Und könnte es nicht sein, daß der angebotene Krankenpflegekurs in der Kirchengemeinde auch so ein Signal ist? Jedenfalls überall Türen, die aufgehen können, hinter denen lauter Aufgaben auf uns zukommen, für die wir bisher kein Auge hatten.

Aber – wie reagiert man, wenn man plötzlich so viele Aufgaben sieht?

In Psalm 51 bittet ein Mensch Gott: »Erfreue mich wieder mit deiner Hilfe und mit einem willigen Geist rüste mich aus.«

Getröstet werden

Trösten – jemanden mit dem
Atem der Hoffnung erfüllen.

WIE KÖNNEN WIR
TRAUERNDEN BEGEGNEN?

Was haben Sie über den Menschen gelernt?«
So wurde einmal ein Pfarrer nach seinen
Erfahrungen zur Beichte gefragt. Er antwortete:
»Die Menschen sind viel unglücklicher, als man
denkt.«

Wer es sich leichtmacht, sagt jetzt: »Die Kirche
muß so reden, das gehört zu ihrem Geschäft.«
Wer sich aber nichts vormacht, der wird diesen
Satz tiefer bedenken: »Die Menschen sind viel
unglücklicher, als man denkt.« Denn da gibt es
Kranke, in deren Welt sich die Lieblosigkeit wie
ein zäher Nebel über alles legt. Erfolglose, denen
die Resignation die Glieder und die Gedanken
lähmt. Menschen, die ihre Angst nicht loswerden
um sich selber und um die, die sie um sich haben.
Menschen, die trauern. Tatsächlich, die Menschen sind viel unglücklicher, als man denkt.

Im Buch der Psalmen steht der Satz: »Nun,
Herr, wessen soll ich mich trösten?« Der Beter, der
das so ausspricht, hat großes Leid erfahren und
ruft nach Gottes Hilfe. Trotz allem vertraut er seinem Schöpfer: »Ich hoffe auf dich, Gott.« Trost

finden, das ist, wie wenn eine Tür aufgestoßen wird oder die Sonne den Nebel durchdringt und der Blick wieder frei wird für andere Menschen, für die Natur.

Wie können wir Trauernde trösten? Trösten heißt, jemanden aufatmen lassen, ihm oder ihr mit ungeteilter Aufmerksamkeit zuhören, Tränen trocknen, Mut machen, über bestehende Schwierigkeiten hinweghelfen, Zuwendung geben, so daß, wer betroffen ist, weiß: Ich bin mit meinem leidvollen Zustand nicht allein. »Geteiltes Leid ist halbes Leid«, sagt der Volksmund, weil damit die Isolation, in die das Leid führt, durchbrochen ist.

Trösten – das meint auch, jemanden mit der Zusage Gottes vertraut machen: »Ich will euch trösten, wie einen seine Mutter tröstet.« Dadurch kann für den Menschen, der Schweres erlebt hat, neu Zukunft erschlossen werden. Fragen nach dem Warum eines bestimmten Geschehens, wie etwa: »Wo war Gott, als mein Mann verunglückte?« sollten Raum bekommen. Eine angemessene Antwort auf diese immer wieder gestellte Frage finde ich dort in der Bibel, wo es um Jesus Christus und seinen Tod geht. Am Kreuz starb Gott. Und so wie er auf Golgatha war, war er auch am Unglücksort. Was das im einzelnen bedeutet, mag man unter Trauernden besser verstehen als anderswo. Dort, in den Trauerhäusern, wo man nur noch sagen kann: »Dein Wille geschehe.«

Wer diese Worte mitten in aller Trauer, bei allem, was ihm widerfahren ist, noch über die Lippen bringt, der hat vielleicht das Wichtigste gelernt. Christus hat auch nicht mehr gesagt. Er hat sein Leben in die Hand Gottes gelegt.

Gottes Treue

In den Tiefen, die kein Trost erreicht,
laß doch deine Treue mich erreichen.
In den Nächten, wo der Glaube weicht,
laß nicht deine Gnade von mir weichen.
Auf dem Weg, den keiner mit mir geht,
wenn zum Beten die Gedanken schwinden,
wenn mich kalt die Finsternis umweht,
wolltest du in meiner Not mich finden.

Wenn die Seele wie ein irres Licht
flackert zwischen Werden und Vergehen,
wenn es mir an Trost und Rat gebricht,
wolltest du an meiner Seite stehen.
Wenn ich deine Hand nicht fassen kann,
nimm die meine, du, in deine Hände.
Nimm dich meiner Seele gnädig an,
führe mich zu einem guten Ende.

Justus Delbrück

BEWAHRUNG UND BEGLEITUNG

Um Trost war mir sehr bange, du aber, Gott, hast dich meiner Seele angenommen, daß sie nicht umkomme«, heißt es in der Bibel. Die so als Trost erlebte Bewahrung ist ein Zeichen der Hoffnung, ein Stück aufgerissener Himmel; eine ausgestreckte Hand, die tief hineinreicht in die Erfahrung bodenloser Verlorenheit. Nicht umsonst spricht Paulus von dem »Gott allen Trostes und dem Vater der Barmherzigkeit«. Wer ihm so begegnet ist, vergißt nicht: »Wenn ich mitten in der Angst wandle, so erquickst du mich« (Psalm 138).

Freilich, wirklich getröstet zu werden ist etwas Besonderes, und Trösten ist ein Teil der Kunst des Lebens, der gelernt sein will. Wer trösten will, muß leiden können. Derjenige, der Trost spenden will, muß sich in die Lage der Leidenden versetzen können. Aber wie kann er das, wenn er selbst bislang mit keinem Todesfall konfrontiert worden ist?

»Leid« sollte nicht eng verstanden werden. Gibt es doch einen ganzen Leidenskatalog, in dem sich mancher und manche wiederfinden mag: angefangen bei den Schwierigkeiten in der Ehe, der Kindererziehung, bis hin zu den Konflikten mit den Nachbarn oder den Belastungen des Älterwerdens. Und mancher gibt einfach zu, daß er am meisten unter sich selbst leidet, seinen Veranlagungen, Defiziten, unter dem Schatten seiner Persönlichkeit.

Wer trösten will, muß getröstet sein. Eine Einsicht, die man sich nicht durch falschen Stolz verstellen sollte: »Ich hab' so etwas nicht nötig, lassen Sie mich damit in Ruhe!« heißt es dann aus einer gewissen Trotzhaltung heraus. Sicher hat der Betroffene damit recht, wenn ihn jemand aufs Jenseits vertrösten will. Gott will Menschen aber nicht vertrösten, sondern an Leib und Seele trösten. Er hat ein Herz für uns und fühlt mit uns mit, wie sich das an Christus erweist. Von der äußersten Erfahrung, die er mit den Leidenden teilt: »Mein Gott, warum hast du mich verlassen . . .« bis hin zu der Verheißung: »Ich lebe und ihr sollt auch leben.«

Das ist ein langer Weg, aber einer, auf dem immer besser begreifbar wird:

Weiß ich den Weg auch nicht, du weißt ihn wohl;
das macht die Seele still und friedevoll.

Ist's doch umsonst, daß ich mich sorgend müh,
daß ängstlich schlägt das Herz,
   sei's spät, sei's früh.

Du weißt den Weg ja doch, du weißt die Zeit,
dein Plan ist fertig schon und liegt bereit.
Ich preise dich für deiner Liebe Macht,
ich rühm die Gnade, die mir Heil gebracht.

Du weißt, woher der Wind so stürmisch weht,
und du gebietest ihm, kommst nie zu spät.
Drum wart ich still, dein Wort ist ohne Trug;
du weißt den Weg für mich, – das ist genug.

Hedwig von Redern

Aber noch ein Gedanke gehört hierher: Wer trösten will, sollte nicht unnötig grübeln. Alles Nachdenken über Für und Wider, Wenn und Aber, hat schon manchen in seiner Bereitschaft zu trösten gehemmt. Es gehört zusammen: Leid zu erkennen und zu lindern. Oft wird es Zeit und Geduld kosten. Phantasie ist dafür nötig, um zu erspüren, was für die Trauernden jetzt gerade wichtig ist. Nicht umsonst hat das griechische Wort für »Trösten« auch die Bedeutung von Raten und Mahnen. Und wo einem Worte nicht über die Lippen kommen – wie oft wird das so sein –, gilt es, auf das zurückzugreifen, was sich in vielen Jahrhunderten bewährt hat, Worte aus der Bibel oder der Literatur.

Es wird oft nicht nur bei Worten bleiben können, wie Eugen Roth bemerkte:

Das Mitleid kann, selbst echt und rein,
mitunter falsch am Platze sein.
Mit Takt gilt es zu unterscheiden,
was jeweils heilsam für ein Leiden.
Ob Händedruck, aufmunternd stark –
ob in die Hand gedrückt fünf Mark.

Trösten – es warten nicht wenige darauf, daß wir's tun. Oft in unserer unmittelbaren Umgebung. Vielleicht gehört dazu auch das Eintreten für einen leidenden Mitmenschen. Manchmal ist es die einzige Möglichkeit, etwas für ihn zu tun – und es ihm auch zu sagen: »Gottes Arm ist nicht zu kurz, daß er nicht helfen könnte.«

Gebet

Für die Inseln des Trostes
mitten in einem Meer von Leid
danke ich dir, Herr, du mein Gott.
Du führst mich durch unwegsame Schluchten,
großen Schrecken bin ich ausgeliefert
und bin dennoch behütet.
Meine Kraft ist längst erschöpft,
aber du trägst mich hindurch.
Nicht daß die Stimmen des Mißtrauens
und des Sichauflehnens
verstummt wären in meinem Herzen,
aber ich weiß, daß sie Unrecht haben.
Sie verlieren ihre Macht,
wenn ich deine Stimme erhorche.
Du sagst zu mir: »Fürchte dich nicht,
ich, dein Gott, verlasse dich nicht.«
Lobpreisen will ich dich für alle Treue.
Ich erfahre, was Verzweiflung heißt,
aber gleichermaßen umgibt mich
das Geheimnis des Getröstetseins.
Auch wenn die Finsternis noch wächst,
sie ist nicht die einzige Wirklichkeit meines Lebens.

Sabine Naegeli

TROSTBRIEF AN EINE MUTTER, DEREN KLEINER SOHN GESTORBEN IST

In Sachen, wo es ernst gilt, gibt es keine andere Hilfe als im Glauben. Wenn uns von guter Hand gesagt wird, daß kein Haar von unserem Haupt fällt ohne den Willen des Vaters, so kann man fest vertrauen, auch wo man ihn nicht versteht oder ihn bei seinen Wegen zu verlieren scheint. Und Ihr kleiner Fritz ist nicht verloren. Er ist nur wie ein Vöglein über die Mauer in einen anderen Garten geflogen. Und da sollen Sie ihn wiederhaben.

So gut er auch in Ihren Händen war, so ist er nun in besseren, und er hat die lange und gefährliche Reise nicht zu machen, von der man schwerlich mit der Unschuld zurückkommt, mit der Ihr Fritz heimgezogen ist. Gönnen Sie ihm das, und entbehren Sie seiner gern eine Zeitlang dafür.

Als unsere Kinder starben, weinten wir auch um sie. Und doch nehmen wir sie, wenn es uns freigestellt würde, nicht wieder zurück zu uns und denken lieber daran, zu ihnen zu gehen. So wird es auch Ihnen gehen, wenn der erste

Schmerz überstanden ist. Und das wünschen wir Ihnen, denn man befindet sich wohl dabei, wenn man die Augen nicht bloß auf diese Welt richtet ...

Ihr Matthias Claudius

AUFERSTEHUNG –
DER WEG INS LEBEN

Der norwegische Dichter Björnson (1832 bis 1910) hat in seinen Spätjahren ein Drama geschrieben: »Wenn wir Toten erwachen«. Ein Thema, das offenbar viele interessierte, denn Tausende sind in die Theater geströmt, um das Stück zu sehen. Der Dichter sagt darin: Alle Menschen gehen als Tote durch die Welt. Wenn sie in einer besonderen Stunde plötzlich erwachen, erkennen sie mit tiefem Erschrecken, daß das Leben ein Fehlschlag, das Sterben ein Irrtum, die Ideale Täuschungen waren. Hier wird ein unausweichliches Gesetz ausgesprochen, das wir alle kennen: Alles auf dieser Erde geht zu Ende.

Nach christlicher Vorstellung ist die Auferstehung das Versprechen Gottes, daß er die Verbindung zwischen ihm und den Menschen nach dem Tod nicht abreißen läßt. Die Erfüllung dieser Verheißung liegt in der Auferstehung Jesu Christi begründet. Er hat gesagt: »Ich bin die Auferstehung und das Leben. Wer mir vertraut, lebt, auch wenn er sterben sollte. Und keiner, der lebt und mir vertraut, wird ewig sterben« (Johannes 11,25–26).

Der Glaube an die Auferstehung hat Konsequenzen für uns. Er stellt sich in Gedanken, Worten und Werken dar, er verändert unser Leben von Grund auf. Es gilt nicht mehr das traurige Gesetz, daß der Tod das letzte Wort hat, sondern mit dieser Hoffnung breitet sich Freiheit aus, Freiheit von verschiedenen Ängsten, davon, zu kurz zu kommen, beschämt zu werden, den Sinn des Lebens zu verfehlen.

Das neue Leben, das mit der Auferstehung Christi seinen Anfang nimmt, zeigt sich darüber hinaus in der Freude, die wir ausstrahlen und die uns niemand nehmen kann. Auch der gute Ton im täglichen Zusammenleben und Zusammenarbeiten mit anderen Menschen zeugt von dieser inneren Haltung.

Schließlich wird die Hoffnung auf ein ewiges Leben von Geduld begleitet. Man läßt anderen Menschen Zeit, schenkt ihnen Freiräume. Man rechnet so mit den Möglichkeiten Gottes gegenüber den Mitmenschen. Wenn wir uns in Geduld üben, können wir darauf verzichten, andere mit Forderungen zu bedrängen, wie sie sein sollten, statt dessen nehmen wir sie an, wie sie sind.

Gebet

Herr, du bist die Auferstehung und das Leben.
Du willst nicht,
daß wir in Mattigkeit und Erschöpfung liegen,
sondern aufstehen und leben.
Gib uns die Kraft
und laß uns eine Quelle des Lebens sein
für alle, die uns begegnen.

Jörg Zink

GOTT WIRD UNSERE TRÄNEN
ABWISCHEN

Es gibt große Worte über den Tod. Und es gibt den Versuch, ihn in das Leben einzubeziehen als Freund »Hein«, wie es Matthias Claudius tat. Freilich, er wußte, daß dieser merkwürdige Freund Botendienst tun muß, aber nicht das letzte Wort hat. Ob es unter den vielen Worten vom Tod, bei den vielen Erinnerungen, die mit rückwärts gewandtem Blick beschworen werden, auch solche gibt, die zugleich von der Hoffnung reden? Worte, bei denen die Augen sich lösen von dem, was war, zu dem hin, was wir erwarten?

Und was erwarten wir überhaupt? Auf diese Frage gibt die Vision von Johannes auf Patmos eine Antwort. Sie erschöpft sich nicht in fremdartigen Bildern wie manche anderen Offenbarungstexte. Sie spricht eine Realität an, die den Glauben an die Zukunft Gottes mit den Lebenden und den Toten mit geheimer Hoffnung nährt. Es ist, als würden wir eingeladen, über die alte Erde hinweg – mit ihren Gräberfeldern, nach der neuen Erde und dem neuen Himmel Ausschau zu halten. Das ist keine Flucht vor der Wirklichkeit und schon gar kein Vergessen der dunklen Zeiten, in denen wir leben. Auch kein gewaltiger Traum eines großen Menschen, entstanden aus der Sehnsucht nach Erneuerung. Gott selbst läßt Johannes einen tiefen Blick tun in eine Zukunft, die er seinen Menschen bereithält.

Und wie sieht diese Zukunft aus? Über allem und in allem ist die Nähe Gottes spürbar. Alle Bilder, die gewählt werden, die dem Johannes in die Augen fallen, beschreiben dies: das neue Jerusalem, von Gott aus dem Himmel herabfahrend, die Stadt Gottes. Und dann die Stimme, die davon spricht, wie diese Nähe Gottes aussehen wird: die Hütte Gottes bei den Menschen. Nicht weitab, nicht mehr durch Schranken, Grenzen und Ängste von ihnen getrennt, sondern er wird bei ihnen wohnen, und sie werden sein Volk sein. Und er selbst, Gott, mit ihnen wird ihr Gott sein. Endlich gibt es keine Trennung durch Konfessionen, Rassen und Geschlechter mehr. Es ist alles ganz eindeutig, so wie er, Gott, sich eindeutig zu erkennen gibt. Menschen werden zu ihm gehören, und er selbst stellt sich auf ihre Seite, daß sie wie überwältigt sein werden.

Kann man solche Worte, solche Visionen anders lesen und hören als mit einer tiefen Bewegung? Muß man nicht zurückfragen: Das soll einmal wahr werden? Mit uns, die wir doch alles andere als für so etwas geeignet sind?

Vielleicht stehen darum im biblischen Text die Worte: »Gott wird abwischen alle Tränen von ihren Augen« (Offenbarung 21,4). Heißt das nicht: Wir werden weinend ankommen; weinend darüber, was wir alles waren und was wir alles nicht waren; worin wir versagt haben und womit wir uns gegen Gott stellten. Aber auch die Tränen derer werden abgewischt, denen das Leid des Lebens die Augen trüb gemacht hat und die darüber blind geworden sind für Gottes heilsame Wirklichkeit. Aber auch die Ursache vieler Ängste, ungezählter Tränen hat ihre Macht verloren: Der Tod wird nicht mehr sein noch Leid, noch Geschrei, noch Schmerz wird mehr sein.

Die Vision des Johannes ist nicht der Entwurf eines Menschen, der aufgrund des Elends in der Welt nach einer neuen Perspektive fragt. Es ist die Offenbarung Gottes. Er sagt: »Siehe, ich mache alles neu.« Er sagt: »Ich bin der Anfang und das Ende.« Alle leidenschaftliche Hoffnung auf eine gründliche Erneuerung, wie sie sich unter uns in manchen Ideen und Entwürfen zeigt, fällt in sich zusammen, wenn Gott außen vor bleibt. Er lenkt die zerstreuten Blicke von all den menschlichen Neuerungen auf den, der alles von Grund auf neu macht. Und weil er es ist, betrifft es die ganze Schöpfung. Was uns deshalb in aller Welt verbindet, ist die Hoffnung auf sein heilsames Handeln.

Auf Gott will ich vertrauen
in meiner schweren Zeit;
es kann mich nicht gereuen,
er wendet alles Leid.
Ihm sei es heimgestellt;
mein Leib, mein Seel, mein Leben
sei Gott dem Herrn ergeben,
er schaff's, wie's ihm gefällt.

Ludwig Helmbold

WAS WIRD AUS DEN TOTEN?

Da war in einer Familie die Großmutter gestorben und beerdigt worden. Und nun saßen alle am Tisch. Die Verwandten waren von weit her gekommen, und man begann mit dem Essen. Da erzählte der fünfjährige Enkel einem zu spät gekommenen Onkel: »Sie haben die Großmutter im Boden vergraben!« – Erschrocken will ihn seine Tante zum Schweigen bringen.

»Ist ja gut, komm, iß brav deine Suppe!« Doch dieser Junge muß seine drängenden Kindergedanken loswerden. »Im Boden ist's aber schwarz und kalt.« Die Tante belehrt ihn: »Im Boden ist nur der Leib.«

Mißtrauisch schüttelt der Junge den Kopf.»Du hast aber gesagt, die Großmutter wäre in den Himmel gekommen, und jetzt ist sie im Boden.«

Die Tante muß erkennen, daß das Kind keine Ruhe geben wird. Und sie versucht es anders.

»Weißt du, das ist so: Der Leib kommt in den Boden, aber die Seele, die fliegt hinauf in den Himmel zum lieben Gott.«

Es scheint, als sei der Fünfjährige mit dieser Auskunft zufriedengestellt, denn er macht sich wieder über seine Suppe her. Aber plötzlich legt er den Löffel demonstrativ hin, sieht sich mißbilligend im Kreis um und erklärt sehr entschieden: »Ich will meine Sachen beieinanderhalten.«

Besser kann man es vielleicht gar nicht sagen, was viele unter uns bewegt. Wir denken auch oft: der Leib in den Boden, die Seele in den Himmel. Unsterblichkeit der Seele nennt man das. Gedankengänge, die aus der griechischen Philosophie in das Christentum eingeflossen sind. Offenbar hat uns das mehr eingeleuchtet als die Auferstehung des Leibes.

Diese Idee von der Unsterblichkeit der Seele kommt uns entgegen, die wir nach einer Überwindung der Todesgrenze und der Todesfurcht fragen. Aber der Mensch besteht nicht aus Leib, Seele und Geist, die man voneinander trennen könnte. Eher sind das verschiedene Seiten, vielleicht könnte man noch besser sagen: verschiedene Funktionen des einen Wesens Mensch. Der Mensch ist einer, er hat nicht nur Leib, Seele und Geist. Er ist untrennbar alles zusammen. Und so stirbt er umfassend und endgültig. Was ist die Folgerung? Geht es nur darum, dann den Tod entschlossen auf sich zu nehmen? Ist mit dem Tod alles zu Ende?

Die Bibel spricht davon, daß die Identität des Menschen, sein Zusammenhang von Namen und Person, Seele, Leib und Geist durch den Tod hindurch in der Liebe Gottes bewahrt wird. Grund zu dieser Hoffnung gibt die Auferweckung Christi von den Toten. Denn sie setzt sich in Widerspruch zur härtesten Gegentatsache des Lebens: zum Tod. Sie nimmt Gott selbst gegen den Tod in Anspruch. »Der Gott ist des Menschen Hoffnung«, sagt Karl Barth, »der am Menschen solches Interesse nahm, daß er selbst Mensch wurde. Und der sich in dieses Menschen Jesus Christus Auferstehung selbst als des Menschen Hoffnung offenbart hat.«

Ein Mädchen sagte bei einem Gespräch, als es um die Auferstehung ging: »Manchmal, wenn ich ein offenes Grab sehe, dann mache ich mir vielleicht Gedanken, was aus dem Toten wohl nun werden wird. Aber sonst beschäftige ich mich nicht damit. Doch weiß ich: Gott ist der Herr und Vater meines Lebens. Von daher ist es für mich selbstverständlich, daß Gott diese Verbindung zwischen ihm und mir nach meinem Tod nicht abreißen läßt. Wie – das weiß ich nicht. Wichtig ist, daß meine Auferstehung hier in meinem Leben anfängt, indem ich zu Gott ja sage.«

Hier wird nicht ausgewichen in die Unsterblichkeit der Seele. Hier wird von dem geredet, der die verschiedenen Seiten unseres Wesens zusammenhält. Wie sollte das in denen, die zurückbleiben, nicht den Funken der Hoffnung entfachen zu einer Flamme, an der erkaltendes Leben sich neu erwärmt?

> Jesus lebt, mit ihm auch ich!
> Tod, wo sind nun deine Schrecken?
> Er, er lebt und wird auch mich
> von den Toten auferwecken.
> Er verklärt mich in sein Licht;
> dies ist meine Zuversicht.
>
> *Christian Fürchtegott Gellert*

ÜBER DIE LIEBE

Wir sehen jetzt durch einen Spiegel ein dunkles Bild; dann aber von Angesicht zu Angesicht. Jetzt erkenne ich stückweise, dann aber werde ich erkennen, wie ich erkannt bin. Nun aber bleiben Glaube, Hoffnung, Liebe, diese drei. Aber die Liebe ist die größte unter ihnen« (1. Korinther 13,12.13).

Immer wieder fragen wir uns und andere: Was bleibt über den Tod hinaus? Erinnerungen. Bilder. Vielleicht auch die Dankbarkeit für vieles, was Gott diesem Menschen, der gestorben ist, an Gaben anvertraut hat. Bleibt auch der Glaube angesichts dieses schmerzlichen Verlustes, oder verwandelt er sich in eine bittere Anklage? Oder findet er gar einen neuen Ansatzpunkt im Wissen darum, daß wir unser Leben nicht in der Hand haben?

Und wie ist das mit der Hoffnung? Bleibt Hoffnung? Sie ist doch Sauerstoff für die Seele. Ohne sie kann man nicht sein. Aber woher beziehen wir sie? Doch allein von dem Gott, der sagt, daß wir durch die Auferstehung Jesu Christi Grund zum Hoffen haben.

Was bleibt? Die Liebe? Sie umfaßt unser ganzes Leben – von der Geburt bis zum Tod. Aus dieser Liebe leben heißt auch, nicht vergessen. Da ist das Land der Lebenden, da ist das Land der Toten. Und die Liebe ist die Brücke von einem Land zum anderen. Aber sie ist noch mehr. Sie ist Urgrund alles dessen, wovon wir leben, die Gewißheit, über der Gottes Zusage steht.

Die Stunde des Todes, des Abschieds scheint sichtbar zu machen, welche Beziehung ein Mensch zu Gott hat. Über diesem Geschehen steht das Wort: »In die Hände habe ich dich gezeichnet« (Jesaja 49,16). Gott begleitet uns ein Leben lang – von der Geburt bis zum Tod. Er vergißt uns nicht. Es geht auch darum, daß wir die eigenen Hände immer wieder ausstrecken, um zu erfahren, wie er Liebe, Hoffnung und Glaube hineinlegt. Menschen, die aus dem Glauben leben, sehen alles in einem anderen Licht. Menschen, die aus der Hoffnung leben, sehen weiter. Menschen, die aus der Liebe leben, sehen tiefer.

Dietrich Bonhoeffer erinnert uns an den schmerzlichen Verlust eines Menschen, den wir geliebt haben: »Es gibt nichts, was uns die Abwesenheit eines lieben Menschen ersetzen kann. Man soll das auch gar nicht versuchen. Man muß sie aushalten und durchhalten. Das klingt zunächst sehr hart, ist aber auch ein großer Trost; denn indem die Lücke wirklich unausgefüllt bleibt, bleibt man durch sie miteinander verbunden. Es ist verkehrt, wenn man sagt: Gott füllt die Lücke aus. Er füllt sie nicht aus, sondern er hält sie vielmehr unausgefüllt und hilft uns dadurch, unsere Gemeinschaft, wenn auch unter Schmerzen, zu bewahren. Und je schöner und voller die Erinnerung, desto schwerer die Trennung. Aber die Dankbarkeit verwandelt auch die Qual der Erinnerung in eine stille Freude.«

GEBORGEN VON GUTEN MÄCHTEN

Manchmal fragt man sich: Wie gehe ich mit jemandem um, der einen geliebten Menschen verloren hat. Und man weiß und spürt, wie er sich schwertut. Wie alles durcheinander zu sein scheint. Keine festen Schritte mehr, keine tragfähigen Gedanken, keine Perspektive.

Gespräche sind schwer zu führen, und mancher Dialog kann nicht stattfinden, weil man zu weit voneinander weg wohnt. Aber sich schreiben, das ist doch auch eine gute Möglichkeit, um etwas für den Menschen, der unter solchen Trauerverlusten leidet, zu tun.

In einem Brief an eine Trauernde heißt es: »Ich las einmal in einer Zeitschrift, daß die Seeschwalben, die kleinen Vögel, die ihre Eier an den Meeresstrand legen, ihre Nester kugelförmig bauen und so fest verschließen, daß die Wogen des Meeres nicht eindringen können. Nirgends findet sich ein kleiner Spalt. Nur an der obersten Stelle steht das Nest ein wenig offen, und die zarten Vogeljungen bleiben am Leben, auch wenn das Wasser sie umbraust. Sie werden auf den Wellen getragen. Die Öffnung nach oben verschafft die zum Atmen notwendige Luft und gibt dem Schiffchen das Gleichgewicht. Wenn die Flut sie überrascht, schwimmen sie sicher auf den Wellen, ohne unterzugehen.«

Mit solch einem Bild, kann man deutlich machen, womit das eigene Leben zu vergleichen ist: Wenn wir nur eine Öffnung nach oben haben, hin zu Gott, so können die wogenden Sorgen des Lebens uns nicht überwältigen, so unbarmherzig sie auch über uns hereinbrechen mögen. Wir brauchen nicht zu versinken, wir haben ein Fenster nach oben, das uns zu Gottes Liebe aufschauen läßt. Und wenn wir daran denken, daß die Verzweiflung oft keinen Blick nach vorwärts in die Zukunft gewährt, so ist das Gebet wie ein Fenster zum Himmel. Gott bewahrt unser Herz in den Stürmen des Lebens und will uns nicht umkommen lassen. Von Fluten überströmt, und dennoch ruhig atmen und hoffen können, von Nöten hin- und hergerissen, und trotzdem im Gleichgewicht – was wären wir für Menschen, wenn uns das gelänge. Und wenn wir auf diese Art und Weise dort, wo das Leben schwer ist, sanft getragen werden.

Von guten Mächten

Von guten Mächten wunderbar geborgen
erwarten wir getrost, was kommen mag.
Gott ist mit uns am Abend und am Morgen
und ganz gewiß an jedem neuen Tag.

Dietrich Bonhoeffer

WIR WERDEN ERWARTET
AM LETZTEN UFER

Erwartet werden – das läßt hoffen. Unser Lebensschiff soll nicht in den Strudeln leidvoller Nächte untergehen. Wir werden erwartet am letzten Ufer. Nicht vom Gevatter Tod, sondern von ihm, dem Auferstandenen.

So wird einmal ein Morgen sein, und das Meer der Zeit wird enden. Uns wird ein Ufer vor Augen stehen, da wird der Herr sein, und wir werden wissen, daß es Jesus Christus ist. Woher wir auch kommen mögen, er verwandelt unsere Nächte vergeblicher Bemühungen und dunkler Erfahrungen in einen hellen Morgen strahlenden Lichts.

»Da es aber schon Morgen war, stand Jesus am Ufer« (Johannes 21,4).

DER AUTOR

Geboren am 21. April 1924 in Plauen/Vogtland. 1946–1947 Missionsseminar der Rheinischen Missionsgesellschaft in Barmen. 1947–1951 Studium der Theologie in Barmen, Göttingen und Basel. 1951–1953 Vikar in Emden, Bremen und Osnabrück. 1954–1961 Gemeinde- und Jugendpfarrer in Bremerhaven. 1961–1989 im Dienst der Evangelischen Landeskirche in Württemberg als Landespfarrer für Rundfunk in Stuttgart. 1978–1986 als Nachfolger von Pfarrer Sommerauer Gestaltung der ZDF-Sendereihe »Pfarrer Kuhn antwortet«. Seit 1989 im Ruhestand.

Zahlreiche Buchveröffentlichungen, darunter »Hinauf nach Jerusalem«, »aufmerksam leben«, »Frauen und Männer der Bibel«, »Worte wirken weiter«, »Manchmal setzt der Himmel Zeichen«.

WEITERE TITEL AUS DER
EDITION JOHANNES KUHN

Marie Anne Berlé
ICH BIN HIER ZU HAUS
Mein Leben im Altenheim

Christine Brückner
LIEBER ALTER FREUND

Hermann Freudenberger
FREUNDSCHAFTEN
SIND WIE GÄRTEN

Hermann Portheine
DAS HERZ –
UNSERE LEBENSMITTE

Uta Schlegel-Holzmann
KEIN ABEND
MEHR ZU ZWEIT
Familienstand: Witwe